PALCO PAULISTANO
SÃO PAULO STAGE

vania toledo

**GOVERNO DO ESTADO
DE SÃO PAULO**

GOVERNADOR
José Serra

imprensaoficial

IMPRENSA OFICIAL DO ESTADO DE SÃO PAULO

DIRETOR-PRESIDENTE
Hubert Alquéres

PALCO PAULISTANO
SÃO PAULO STAGE

vania toledo

imprensaoficial

Dedico este livro ao meu filho Juliano e aos amigos de sempre Luiz Sérgio, Bivar e Fausto

I dedicate this book to my son Juliano and eternal friends Luiz Sérgio, Bivar and Fausto

O teatro com seu palco iluminado me ensinou quase tudo. Fui olhando, observando, errando e acertando... A lembrança do palco escuro da minha infância ficou lá em Paracatu. Por isso considero as fotos deste livro meu mestrado fotográfico nos palcos paulistanos. Agora, ainda quando começa uma peça de teatro – em qualquer lugar do mundo – e a primeira luz ilumina o palco, eu reconheço, trêmula, minha paixão de ontem, de hoje e sempre!

Vania Toledo

The theatre and its lighted stage taught me almost everything I know. I sat there watching, observing, hitting and missing... The memory of the dark stage of my childhood is still there in Paracatu. That's why I consider the photos in this book to be my photographic master's degree on the stages of São Paulo. Even now, whenever the curtain rises on a play – anywhere in the world – and the first light shines down onto the stage, I recognize, with a tingle in my spine, that same passion of yesterday, today and forever!

Vania Toledo

O palco paulistano pela objetiva de Vania Toledo

Antônio Bivar

Tem-se a impressão de que os Deuses do Teatro, em cada período da história, escolhem um fotógrafo com sensibilidade à altura para registrar em imagens os feitos desta arte que, curiosamente, nasceu quando a fotografia sequer pensava ser inventada. Digamos, o teatro grego, que deixou sua marca séculos antes de nossa época. Com o advento da fotografia hoje podemos matar nossa curiosidade quanto ao que foi e vem sendo feito desde que Eleonora Duse, Sarah Bernhardt, Ellen Terry e tantas outras – e outros – deixaram suas marcas pelos palcos do mundo, na encenação não só dos clássicos mas também dos textos que foram escritos especialmente para elas, divas, como foi o caso de Salomé, escrita por Oscar Wilde para a performance que se tornaria lendária graças à divina Sarah. Performance que, graças à fotografia, a posteridade veio a conhecer e a ter uma idéia do que a artista significou em sua época assim como, indubitavelmente, servir-se de sua imagem para novas inspirações.

Ao longo das décadas – e no mundo inteiro – um sem-número de fotógrafos prestaram seus serviços à história. Registros de espetáculos e de seus participantes: autores, atores, diretores, cenógrafos, figurinistas, iluminadores, etc. Fotógrafos, cada um no seu estilo, nos prestaram, magistralmente, esse serviço. Mas a história também mostra que em cada época há sempre um que se destaca. Seja pelo relacionamento de intimidade com o metiê, seja pela paixão com que se dedica à função.

Para não irmos muito longe, já que estamos no território do palco paulistano, lembramos que no tempo do TBC, por exemplo, nas décadas de 1940 e 1950, nenhum fotógrafo deixou maior e melhor iconografia da nossa cena

The São Paulo stage through the lenses of Vania Toledo

Antônio Bivar

One gets the impression that in each period of history the Gods of Theatre choose a photographer with sensibility acute enough to record in images the feats of this art, one that, curiously, was born long before photography was even an inventor's dream. I mean Greek theatre, which left its mark centuries before our time. With the advent of photography, we can now satisfy our curiosity as to what has been and continues to be done since Eleonora Duse, Sarah Bernhardt, Ellen Terry and so many others graced the stages of the world, not only in the classics, but also in parts written especially for them – divas –, as was Oscar Wilde's Salomé, rendered legendary by the divine Sarah. A performance that, thanks to photography, has been left to posterity, giving us an idea of just what the artist meant to her generation, and serving, undoubtedly, as inspiration for others today.

Over the decades – and all over the world – innumerable photographers have rendered their services to history, registering shows and their participants: authors, actors, directors, set designers, wardrobe and lighting technicians, etc. Photographers who, each in his or her own way, have provided us this service, and majestically well. And yet, history shows us that there is always one who stands out among the rest, whether for a certain intimacy with the *milieu* or out of sheer passion for the task.

As we are already in the territory of the São Paulo stage, we don't have to look very far for an example. We might recall that back in the days of the Teatro Brasileira de Comédia, in the 40s and 50s, no photographer left a deeper or better iconography of our

teatral que Fredy Kleeman. O que temos hoje de valioso como registro de Cacilda Becker e todo o vasto grupo que formava o Teatro Brasileiro de Comédia, assim como o melhor teatro paulistano daquele tempo, devemos agradecer ao clique de Kleeman.

No período seguinte, época que abrange as décadas de 1960 e 1970, os livros que contam em fotos o que se fez em teatro, curiosamente são raras as vezes em que aparece o nome do fotógrafo responsável pelo registro. Geralmente, o crédito aponta para "arquivo de fulano de tal" ou "cortesia do Serviço Nacional do Teatro" ou "O Estado de São Paulo" ou Abril Press, etc. Mui raramente é creditado o nome do fotógrafo. Entretanto, no período que vai do começo da década de 1970 até nossos dias, ou seja, quase quatro décadas, o artista da fotografia que realizou o mais vasto, abrangente e acurado trabalho sobre os palcos paulistanos, sejam efetivamente os espetáculos produzidos em São Paulo, ou os importados do Rio e de outros estados, mas vistos pelo público paulistano, é, sem dúvida, Vania Toledo.

A paixão de Vania Toledo pelo registro da magia teatral vem da época em que era uma fotógrafa amadora, recém-formada em Ciências Sociais pela USP. Fotografar teatro – Vania era parte ativa de sua geração, uma geração histórica, uma das primeiras a expandir seu campo de entusiasmos, para além dos limites de seu *milieu* (no seu caso, o de Ciências Sociais). E essa paixão atravessa quatro décadas. Como ela mesma diz: "Não todas as peças, mas as peças que vi nos últimos 40 anos." E que continua vendo. Desde a genial passagem do autor espanhol [Fernando] Arrabal pela cidade, no tempo de Cemitério de Automóveis (1973) até hoje – uma das últimas peças por ela fotografada foi o musical Tom e Vinicius (2008), passando por montagens divisoras de águas, como O Balcão e Macunaíma e atuações

theatre scene than Fredy Kleeman. Everything we have of value today in terms of a photographic record of Cacilda Becker and the whole vast group that comprised the TBC, and São Paulo theatre in general, we owe to Kleeman's camera.

In the following period, the 60s and 70s, interestingly enough, the names of the photographers responsible for telling the story in pictures of what was going on in theatre at the time rarely even appeared on the books. The credit usually went to "the estate of so and so" or "courtesy of the National Theatre Service" or the State of São Paulo or Abril Press etc. The name of the actual photographer rarely, if ever, appeared. However, in the period that runs from the 70s to our day, in other words, in the space of almost four decades, the photographic artist who has produced the vastest, most ranging and precise body of work on the stages of São Paulo, whether of pieces produced in the city, or imported from Rio and other states, but seen by the São Paulo theatergoer, is, without shadow of doubt, Vania Toledo.

Vania Toledo's passion for capturing the magic of theatre stems from back when she was still an amateur photographer and recent graduate in Social Science from USP. Vania was an active part of her generation, a historic generation, one of the first to expand its field of interests beyond the limits of its *milieu* (in her case, the social sciences). And this passion has spanned four decades, covering, as she says herself, "not all the pieces, but all the pieces I saw in the last 40 years". And goes on seeing. From the visit of the ingenious Spanish playwright [Fernando] Arrabal to the city back in the days of the Cemitério de Automóveis (1973), up to today – one of the last pieces she photographed was the musical Tom and Vinicius (2008) –, passing through countless watersheds like

A VIDA É SONHO | LIFE IS A DREAM 1991   > Regina Duarte, Ileana Kwasinski e elenco | and cast

lendárias de Paulo Autran, Maria Della Costa, Fernanda, Raul, Nanini, Latorraca, Marília Pêra, Maria Alice et alii, nada de relevante, do experimental alternativo às grandes produções, assim como aos espetáculos de indiscutível sucesso comercial, nada escapou à feliz objetiva de Vania Toledo. Fotos e legendas bem atestam os instantes pegos no ato.

Contratar um excelente fotógrafo para fazer as fotos de divulgação de um espetáculo, ou convocar fotógrafos da grande imprensa para cobrir uma peça, isto praticamente todas as companhias fazem. É praxe. Mas convocar Vania Toledo – porque mais que qualquer outro fotógrafo – e isto os empresários e os artistas logo descobriram, tornou-se indiscutível e consumado. Com nenhum outro o relacionamento teve casamento mais perfeito, nem intimidade mais decente. O resultado está neste livro, neste maravilhoso álbum. Temos nele uma iconografia que, por si, conta a história do que de melhor e mais representativo se fez nos palcos paulistanos nas últimas quatro décadas. Logo, agradecidos estão os Deuses do Teatro, pois, da vanguarda ao clássico, da comédia de costumes à tragédia (grega, shakespeareana, rodrigueana) & drama, humor, glamour, entrega, despudor, está tudo para sempre captado pelo clique esbanjado de alma e estilo, da fotógrafa Vania Toledo.

O Balcão and Macunaíma, and anthological performances by Paulo Autran, Maria Della Costa, Fernanda, Raul, Nanini, Latorraca, Marília Pera, Maria Alice et al., not a single play of relevance, not a single work of alternative experimentation, major production or box-office hit has escaped the objective lens of Vania Toledo. Photos and captions testify to moments frozen in the act.

Almost every theatre company will hire a first-rate photographer to take promotional shots of a new play, or invite some heavyweight to cover a piece; it's standard procedure. But to invite Vania Toledo – more than any other photographer –, the agents and artists soon discovered, was beyond question and indispensible. The photographer/theatre relationship found no marriage more perfect, intimate or decent. The result is this book, this marvellous album, an iconographic account of the very best and most representative of São theatre over the last forty years. So the Gods of Theatre have their recompense, as from the avant-garde to the classical, from comedy of manners to tragedy (Greek, Shakespearian, Rodriguean), the drama, humour, glamour, delivery, impudence, it is all here, captured for posterity in the frames, filled with soul and style, of the photographer Vania Toledo.

< Luiz Fernando Guimarães e | and Regina Casé AQUELA COISA TODA 1981

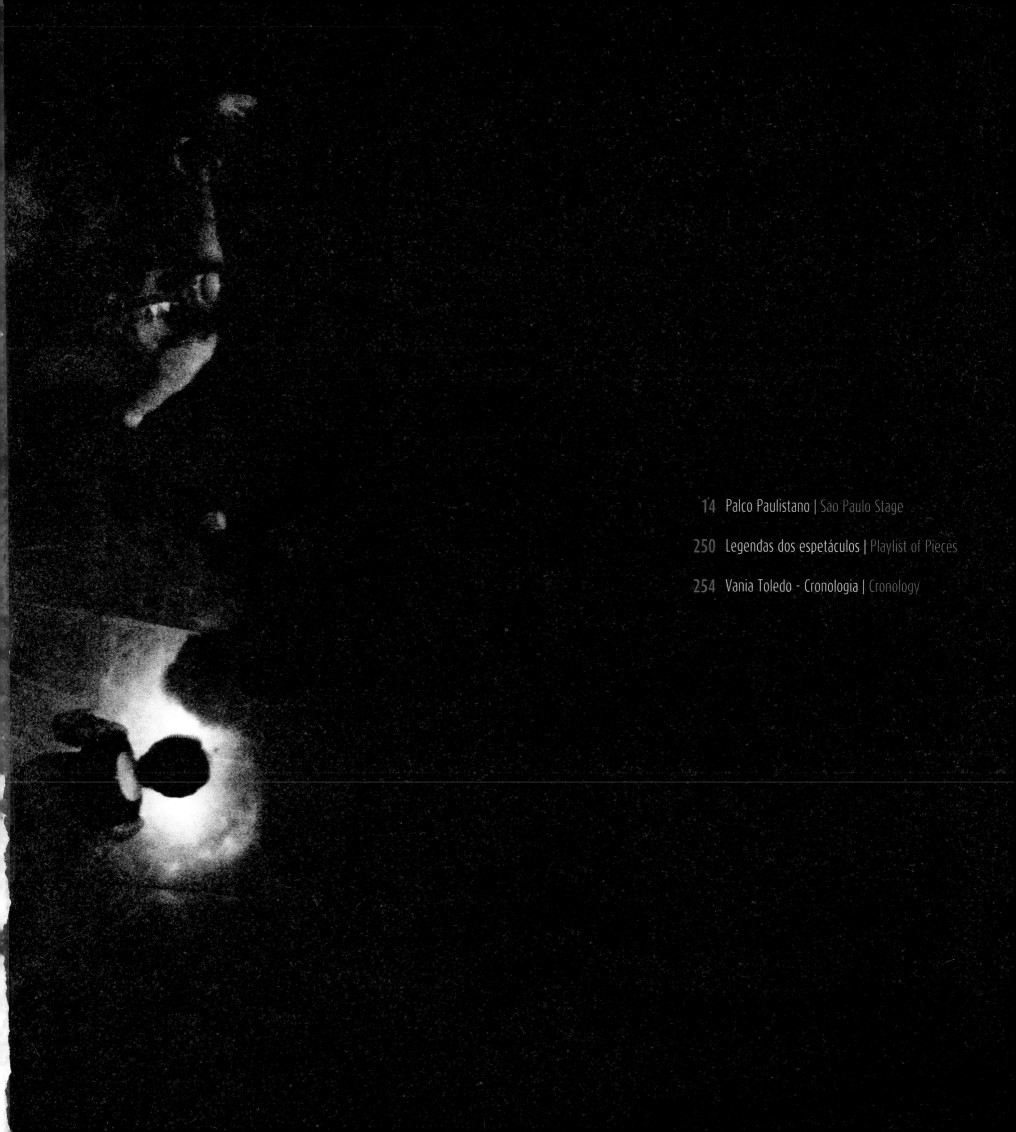

14 Palco Paulistano | São Paulo Stage

250 Legendas dos espetáculos | Playlist of Pieces

254 Vania Toledo - Cronologia | Cronology

vania toledo
PALCO PAULISTANO

Rubens Fernandes Junior
pesquisador e crítico de fotografia

Pode-se entender a fotografia como uma arte veloz; uma arte que se realiza depressa, em especial alguns gêneros que sobrevivem muito mais pelo flagrante do tempo efêmero do que pela precisão de uma realização técnica impecável. Quando alguém decide ser fotógrafo, é preciso ter consciência de que explorar o universo do mundo visível é de alguma forma, a tentativa de encontrar uma possibilidade ficcional que sublime nossa imaginação. Essa constatação ficou mais evidente para mim ao mergulhar no universo imagético de Vania Toledo.

Sua presença na fotografia brasileira contemporânea foi construída a partir de 1980, ano zero da sua trajetória profissional, pontuada por momentos e eventos que inscreveram definitivamente o nome de Vania Toledo no panorama das artes visuais. Este livro, *Palco Paulistano*, sintetiza um aspecto do seu percurso, e tem como objetivo, não só celebrar os 40 anos de atividade fotográfica mas, também, contemplar uma visão sobre a história recente do Brasil. Pode soar estranho pensar a história sob esse ponto de vista, mas percorrer essas fotografias e contextualizá-las é, acima de tudo, dimensionar a importância da imagem técnica como informação, linguagem e comunicação.

Em inúmeras ocasiões, em diferentes entrevistas, Vania insiste dizer que seu trabalho é desenvolvido sempre com o olhar e o desprendimento de um fotógrafo amador[1]. Amador, no sentido etimológico da palavra – aquele que ama o que faz – e não o que está associado a limitações técnicas ou estéticas. Essa idéia está presente em toda a sua atividade, pois estar disponível para ouvir o outro, estar aberto à surpresa que se manifesta no outro, é uma tática que incorporou ao seu procedimento de trabalho para se aproximar dos universos sensíveis da criação.

[1] Roland Barthes registra no clássico livro *A Câmara Clara*, que "o amador é definido como uma imaturidade do artista: alguém que não pode – ou não quer – elevar-se ao domínio de uma profissão. Mas, no campo da prática fotográfica, é o amador, pelo contrário, que é a assunção do profissional".

---

vania toledo
SÃO PAULO STAGE

Rubens Fernandes Junior
researcher and photography critic

Photography can be understood as a fast art; an art done in a hurry, especially those genres that survive more as freeze-frames of fleeting time than for the precision of their impeccable technical virtuosity. When someone decides to become a photographer, it is important to realize that to explore the universe of the visible world is, in some respects, to attempt to sublimate fictional possibilities from the imagination. This became all the clearer to me when I delved into the imagetic universe of Vania Toledo.

Her presence in contemporary Brazilian photography began in 1980, year-zero of a career peppered with moments and events that definitively inscribe the name of Vania Toledo in the annals of the visual arts. This book, *Palco Paulistano* (São Paulo Stage), gives an overview of one aspect of her career and purports not only to celebrate her forty years of photographic activity, but also to take it as a vantage point from which to survey the recent history of Brazil. It may sound strange to want to look at history from such a perspective, but to go through these photographs and contextualize them is, above all, to measure the importance of the technical image as information, language and communication.

On various occasions, in numerous interviews, Vania has insisted that her work always comes from the unfettered eye of the amateur photographer[1]. Amateur in the etymological sense of the term – of one who loves what he does – void of all connotations of technical or aesthetic limitation. This idea is present throughout her photographic activities, because being open to listening to the other, to the surprise that manifests itself in the other, is a tactic she incorporated into her work in order to inch closer to the sensitive universes of creation. Susan Sontag defends the notion that "time ends up raising the majority of photos, even the most amateurish, to the level of art"[2]. This reinforces the impression that browsing through the photos published in this volume we revisit an

[1] In his classic *Camera Lucida*, Roland Barthes asserts that "the amateur is defined as an immature state of the artist: someone who cannot – or will not – achieve a professional level. However, in the case of photography, the reverse is true, as it is the professional who aspires to amateurism".

[2] Susan Sontag, *Sobre fotografia*. São Paulo: Companhia das Letras, 2007, 3rd reprint, p. 31.

O BALCÃO | THE BALCONY 1969   « Cena do espetáculo | Stage Set

Susan Sontag defende a idéia de que "o tempo termina por situar a maioria das fotos, mesmo as mais amadoras, no nível da arte"[2]. Isso reforça a possibilidade de que olhar para as fotografias aqui editadas é percorrer um aspecto sócio-cultural importante da história do teatro brasileiro, inserido no contexto político mais amplo. É claro que no momento da experiência, a dimensão histórica raramente é relevante, pois vale mais a vertigem imediata da ação do que a racionalidade, seja ela qual for. Vania soube vivenciar com intensidade seu momento de emoção e aprendizado, daí a grande diferença da sua fotografia, um recorte especial que favorece hoje a compreensão da época.

AS PRIMEIRAS IMAGENS

A origem de Vania Rosa Cordeiro é mineira, de Paracatu. Lá viveu até os treze anos e foi nesse período que teve o seu intenso aprendizado – na vida e na religião – que a tornou a pessoa que hoje é. Foi nesse período que percebeu que o mundo dos adultos e sua religiosidade intrínseca cercavam-se de estranhos mistérios. O cerimonial da missa, a procissão de corpo presente, os enterros, os encontros familiares nas datas festivas, o domingo de ramos, tudo era intensamente ritualizado e misterioso. Foi essa experiência de estar diante do incompreensível que possibilitou o desenvolvimento de sua percepção e de sua sensibilidade. Aquilo despertou para sempre o fascínio e o respeito pelo irreal, pelo diferente. Seu imaginário é povoado de imagens que escapam à realidade, que tangenciam a experiência de estar inserida no mundo mágico da fantasia.

[2] Susan Sontag, *Sobre fotografia*. São Paulo: Companhia das Letras, 2007, 3ª reimpressão, p. 31.

---

important socio-cultural aspect of the history of Brazilian theatre as inserted within a wider political context. Of course, at the level of experience, the historical dimension is rarely all that relevant, as the dizzying immediacy of action will always take precedence over its rationality, whatever that may be. Vania knew how to live her moment of emotion and learning intensely, and this is the major differential in her photography, a special profile that helps us understand an age.

THE FIRST PICTURES

Vania Rosa Cordeiro comes from Paracatu in Minas Gerais, where she lived until thirteen years of age, a period during which she had the intense education in life and religion that has made her the person she is today. It was at this time that she realized that the adult world and its intrinsic religiosity was shrouded in strange mysteries. The mass, the funeral procession, burials, family get-togethers on feast days, Palm Sunday, it was all intensely ritualized and mysterious. It was this experience of standing before the incomprehensible that nurtured her perception and sensibility, awakening an eternal fascination and respect for the unreal, the different. Her imagination is peopled with images that confound reality, that border on the experience of immersion in a magic fantasy world.

She and her family arrived in São Paulo in 1961, and it was around this time that her ability to render detailed account of family events earned her the status of official storyteller for the Toledo clan. It wasn't long before her father entrusted her with his camera so she could make a memorable visual record as well, given her knack for attributing importance to the most banal facts. She enrolled on the sociology course at the University of São Paulo in the late 70s, at the height of the political effervescence. She was already a devoted amateur photographer at this time, a love she never abandoned throughout her career. She lived the whole political and cultural revolution from her post as a researcher at the Education and Special Research Department of Editora Abril.

Chegou a São Paulo em 1961 com toda a família e pela sua facilidade de relatar com detalhes todos os eventos familiares, ganhou status como contadora oficial das histórias. Seu pai logo lhe emprestou a câmera fotográfica para que ela produzisse documentos visuais memoráveis, já que tinha essa facilidade para atribuir importância aos fatos cotidianos. Foi estudar Sociologia na Universidade de São Paulo, no final dos anos 1970, em plena efervescência política, e já praticava fotografia com a paixão do amador, jamais abandonada em toda sua carreira. Ela viveu toda a revolução política e cultural do período trabalhando com pesquisas no Departamento de Educação e Pesquisas Especiais da Editora Abril.

A primeira peça que fotografou foi *My Fair Lady*, com Bibi e Procópio Ferreira. Aos poucos foi se envolvendo com o fazer teatral e a cada peça assistida, produzia furtivamente alguns fotogramas, anotando as variáveis utilizadas nas diferentes situações de luz para estabelecer seus parâmetros técnicos. Cada filme guardava de três a quatro espetáculos e com esse aprendizado, que Vania considera fundamental, desenvolveu seu percurso, totalmente autodidata. O teatro tinha dimensão cultural e política que lhe trouxe uma nova experiência sensorial e lhe deu a possibilidade de desenvolver a técnica sem perder a espontaneidade e a liberdade de criar suas imagens.

Em 1974, ela foi convidada por Samuel Wainer para ser editora de fotografia do semanário *Aqui São Paulo*, uma experiência editorial inovadora que resgatou a dupla de reportagem inaugurada no Brasil pela revista *O Cruzeiro*. Vania Toledo e Antonio Bivar assumiram o compromisso de registrar a cena cultural da noite paulistana e marcaram época. Depois disso, foram convidados por Daniel Más e Luis Carta para trabalharem na revista *Vogue*, e mais tarde para a revista *Interview,* sua melhor experiência editorial já que conseguia brincar e trabalhar. Entre as duas últimas, Vania Toledo voltou à editora Abril, convidada por Okky de Souza para trabalhar na revista *Pop*.

The first play she photographed was *My Fair Lady*, starring Bibi and Procópio Ferreira, and she gradually became more involved with theatre productions, furtively turning out photograms for each play she saw and jotting down the variables used under different lighting conditions in order to establish her technical parameters. Each roll of film covered three or four shows, and it was with this experience, which Vania considers fundamental, that she embarked on her totally auto-didactic learning curve.

Theatre had a cultural and political dimension to it that brought her a new sensorial experience and gave her the opportunity to develop a technique without losing spontaneity or freedom in creating her images.

In 1974, she was invited by Samuel Wainer to assume the position of photographic editor for the weekly magazine *Aqui São Paulo*, an innovative and experimental publication that reunited the reporting duo inaugurated by *O Cruzeiro*. Vania Toledo and Antonio Bivar assumed the task of recording the cultural scene of the São Paulo nightlife and their work helped define the day. They were then brought to *Vogue* by Daniel Más and Luis Carta, followed by a spell at *Interview* magazine, Vania's best experience in publishing, as she could work and play at the same time. Sandwiched between *Aqui São Paulo* and *Vogue,* Vania Toledo made a brief return to Editora Abril, invited by Okky de Souza to work on the magazine *Pop*.

It is interesting the way Vania Toledo always makes a point of emphasizing the names of those responsible for her professional growth and maturation when looking back over her career[3]; demonstrating an ethic and coherency all too rare in the visual arts, especially photography. In a brief space of time she formed a robust relationship network that brought her into contact with artists, writers, journalists; in short, the militants of the cultural resistance who proved fundamental to her development.

[3] Interview given to the author on November 27, 2008.

É interessante como Vania Toledo vai pontuando sua trajetória[3], destacando sempre os nomes daqueles que foram os responsáveis pelo seu crescimento e amadurecimento profissional. Isso denota uma ética e uma coerência quase incomum nas artes visuais, particularmente na fotografia. Em um curto espaço de tempo, potencializou sua rede de relacionamentos, aproximando-se de artistas, escritores, jornalistas, enfim, os trabalhadores de resistência cultural que foram fundamentais para a sua formação.

LONDRES E *BLOW UP*

Nesse turbilhão que a vida nos leva, Vania já estava inserida no circuito de produção cultural, mas sentia que ainda faltava a prova definitiva. Foi pioneira na fotografia da noite paulistana; fotografou os ensaios do espetáculo *Zoo History*, com Raul Cortez e Carlos Vereza, que selecionaram uma fotografia e produziram um pôster que circulou com sucesso; assinou a capa do LP *Refestança*, de Gilberto Gil e Rita Lee, entre outras; foi capa da revista *Iris* número 308, com belíssima fotografia de Zezé Motta.

Por meio de Thomaz Souto Correa conheceu Bea Feitler, a mais antenada e elegante diretora de arte que o Brasil já teve e que fez carreira internacional em Nova Iorque na revista *Hapers Baazar*. Tornaram-se amigas e o aprendizado foi muito intenso. Entre os vários ensinamentos, Vania lembrou que foi ela que lhe aconselhou editar uma cópia contato para um trabalho encomendado. "Bea me ensinou o que seria o meu grande acerto e talvez o meu erro – ao olhar um contato, dizia ela, escolha a sua fotografia, independentemente da qualidade, e outra que você acha que o editor vai gostar. E brigue pela sua escolha".[4]

O que mais ela queria provar para si mesma?

[3] Entrevista ao autor em 27 de novembro de 2008.
[4] Entrevista ao autor em 27 de novembro de 2008.

LONDON AND *BLOW UP*

As if carried on a whirlwind, Vania found herself firmly inserted on the cultural scene. She had pioneered photography of the São Paulo nightlife; she had covered the rehearsals for the play *Zoo History*, starring Raul Cortez and Carlos Vereza, who selected one of her photos for a poster that circulated to huge success; she had produced the cover photo for the album *Refestança*, by Gilberto Gil and Rita Lee, among other LPs; and she had even featured on the front cover of issue 308 of the magazine *Iris*, in a beautiful photo by Zezé Motta, but despite all this, she still felt the need to prove herself definitively.

Through Thomaz Souto Correa she was introduced to Bea Feitler, the most astute and elegant art director Brazil has ever produced, and who made an international career at *Harper's Bazaar* in New York. They became friends and Vania learned a great deal from the friendship. Among the various pointers, she recalls that it was Feitler who advised her to edit a contact copy for a commissioned work. "Bea taught me what was to be my best ever lesson and perhaps my biggest error – when looking at a contact, she said, choose your photo, regardless of the quality, and another you think the editor will like, then fight for your choice".[4]

What more could she need to prove to herself?

Her spell in London is emblematic. London, the setting for Michelangelo Antonionni's *Blow Up*, which she watched countless times and which influenced a whole generation of photographers, drove Vania Toledo to work compulsively night and day. It was at this time that she realized that photography was no longer just a manifestation through which she could understand herself and others, but had actually become her main mode of expression.

[4] Interview with the author on November 27, 2008.

Sua viagem a Londres é emblemática. Londres, palco do filme *Blow Up*, de Michelangelo Antonionni, que assistiu inúmeras vezes e influenciou uma geração de fotógrafos, impulsionou Vania Toledo a trabalhar compulsivamente, dia e noite. Foi nesse momento que sentiu realmente que a fotografia não era mais somente uma manifestação para compreender o outro e a si mesma, mas havia se tornado seu principal meio de expressão.

Quando regressou ao Brasil, sua dedicação à fotografia foi total. Assumiu os grandes mestres – Richard Avedon, Anne Leibovitz, David Bayley, entre outros – e buscou novos caminhos para sua fotografia. A partir da constatação do mestre David Zingg – "você trouxe a leveza e o movimento de volta à fotografia brasileira" – Vania se pautou pela espontaneidade do registro fotográfico. De alguma forma ela buscou agarrar o tempo vivo em seu momento fugidio com a finalidade de eternizar seus personagens.

OS LIVROS

A partir de 1980, a fotografia permite à Vania uma forma mais radical de representação. Seu livro *Homens* é um ensaio com 31 fotografias de homens nus – artistas, compositores, roqueiros, escritores, agitadores culturais, entre outros – que aceitaram o convite, imprevisível e impensável naqueles anos de chumbo. Na apresentação, Vania Toledo registra: "Sou uma fotógrafa contemporânea e adoro fotografar a realidade cotidiana – ela me fascina! Para mim, a fotografia nunca pode ser inteiramente pura, afinal, ela não é água destilada. Um bom resultado fotográfico é o que chega mais próximo possível da clareza lúcida e louca da imagem captada pelo olho".[5]

Esse registro textual tem importância na trajetória da artista, pois Vania Toledo, em vários depoimentos, afirmou: "a fotografia é a minha desculpa para atuar na contemporaneidade"[6], numa demonstração assumida de querer viver em profundidade o seu tempo e utilizar a imagem para construir uma memória diferenciada. Nan Goldin, fotógrafa norte-americana declara: "a câmera é como uma parte do meu dia-a-dia, como a comida ou o sexo. O instante da

[5] Vania Toledo, *Homens*. São Paulo: editora Cultura, 1980.

[6] Revista *Iris*, № 423, "Talento e emoção atrás da lente", março de 1989.

When she returned to Brazil her dedication to photography was total. She assimilated the grand masters – Richard Avedon, Anne Leibovitz, David Bailey, among others – and began to search for new directions for her photography. Armed with master photographer David Zingg's affirmation that "you have brought levity and movement back into Brazilian photography", Vania made spontaneity her photographic hallmark. In some respects, she strove to capture living time in the act of its fleeting moment in a bid to eternalize its characters.

THE BOOKS

From 1980 onwards, photography afforded Vania a more radical form of representation. Her book *Homens* is an essay of 31 photographs of nude men – artists, composers, rock stars, writers, cultural agitators, among others – who accepted her invitation, one as unpredictable as it was unthinkable during those bleak dictatorship years. In her presentation text, Vania Toledo writes: "I am a contemporary photographer and I adore photographing daily reality – it fascinates me! For me, photography can never be totally pure, after all, it is not distilled water. A good photographic result is the one that most closely approaches to the lucid and crazy clarity of the image captured by the eye"[5].

This written statement proved centrally important to the artist's development, as Vania Toledo, in various interviews, has affirmed: "Photography is my excuse for immersion in contemporaneity"[6], an authentic demonstration of her wish to live her time to the core and to use the image to construct a differentiated memory. Nan Goldin, a North-American photographer, once declared: "the camera is like a part of my daily life, like food or sex. The photographic moment, though it creates distance, is nonetheless a moment of emotional clarity and connection for me (...) the diary is my way of having control over my life. It allows me to register every detail. It allows me to keep a record"[7].

[5] Vania Toledo, *Homens*. São Paulo: editora Cultura, 1980.

[6] Revista *Iris*, № 423, "Talento e emoção atrás da lente", March 1989.

[7] Nan Goldin, *The ballad of sexual dependency*. New York: Aperture, 1986.

fotografia, apesar de criar distância, é um momento de clareza e de conexão emocional para mim. (...) O diário é a minha forma de ter controle sobre minha vida. Permite registrar cada detalhe. Permite-me recordar".[7]

Desde o seu início na cena teatral paulistana e no seu dia-a-dia como estudante de sociologia, Vania já carregava sua câmera fotográfica, que estava sempre pronta para registrar o essencial. Por isso, quando olhamos retrospectivamente seu percurso, podemos, através das imagens produzidas, viver juntos a experiência fotografada. Seu olhar sempre esteve mobilizado para o registro das evidências. Mesmo que fossem absolutamente pessoais e intransferíveis, hoje fazem parte de uma espécie de imaginário coletivo.

Depois disso, a partir de 1984 concentrou-se na representação feminina. Sua experiência teatral, primeiro como espectadora e depois como fotógrafa, possibilitou essa incursão na direção de atrizes que aceitaram o convite de criar e representar personagem. Em 1992, um novo livro e a exposição *Personagens Femininos* deram a Vania o prêmio de melhor fotógrafa do ano pela APCA – Associação Paulista de Críticos de Arte.

Homens e *Personagens Femininos* são dois livros plurais, realizados com dedicação apaixonante. Plurais porque somos assim, vários no mesmo corpo. Vania menina, Vania mineira, percebeu os vários e diferentes personagens nos rituais sócio-religiosos em que participou atentamente; e sua fotografia é como se fosse também o registro posterior daqueles instantes simbólicos de puro êxtase.

O livro *Pantanal*, de 1997, é sua incursão no mundo da contemplação e também o mais barroco de todos. Sua viagem foi um maravilhoso encontro com a natureza e um momento de reflexão pessoal. Lá descobriu o tempo estendido, o tempo lento, vagaroso, em que qualquer pequeno movimento é suficiente para provocar grandes revoadas de pássaros e mergulhos incríveis de jacarés. O silêncio arrebatador e os movimentos coletivos e barulhentos tornam-se

[7] Nan Goldin, *The ballad of sexual dependency*. Nova York: Aperture, 1986.

Vania had been packing a camera ever since her introduction to the São Paulo theatre scene and days as a student of sociology, always ready to capture the essential. So when we look back upon her career, the images she produced allow us to somehow live the photographed experience together. Her eye was always primed to register what came to evidence. No matter how absolutely personal and nontransferable, those images now belong to a kind of collective repertoire.

Her focus switched to the female form after 1984. Her theatre experience, first as a viewer and later as a photographer, facilitated this incursion into the direction of actresses who accepted her invitation to create and represent a character. In 1992, a new book and exhibition, *Personagens Femininos* (Female Characters), earned Vania the photographer of the year award from the São Paulo Art Critics Association – the APCA.

Homens and *Personagens Femininos* are plural books, done with impassioned dedication. Plural because that is what we are, plural in one body. Vania the girl, Vania from Minas Gerais, saw the various and different characters in the socio-religious rituals in which she participated with peaked attention; and her photography is like it were a post-facto record of those symbolic instants of pure ecstasy.

The book *Pantanal*, from 1997, is her first foray into the world of contemplation and also her most baroque work. Her trip was a marvelous encounter with nature and a moment of personal reflection. She discovered prolonged time there, a time that ambles, in which even the slightest movement could send huge flocks into the air or crocodiles plunging into rivers or lakes. The deafening silence and noisy collective movements were agents of transformation. For Vania, the experience was "of a journey predicated on a simple exercise of decontrolling the soul (...) I took various internal trips and a vacation for my eye"[8]. A partial vacation, that is, because in addition to the landscape, the flora and the fauna, she also took portraits of numerous people of the wetlands.

[8] Revista *Iris*, № 509, "Vania Toledo em cores", 1997.

transformadores. Para Vania, a experiência foi "uma viagem que se baseou em um exercício simples de deixar o descontrole tomar conta da alma (...) realizei pequenas viagens internas e tirei férias para o meu olhar".[8] Na realidade, férias parciais, pois além da paisagem, da flora e da fauna, também retratou vários personagens pantaneiros.

Este livro é um momento de inflexão na trajetória da artista. Apesar de encarar as dificuldades com tranqüilidade – "sempre o difícil talvez seja o mais fascinante" – este trabalho é diferente – do projeto gráfico ao conteúdo das imagens – e foge de suas características, tanto técnica quanto estética. Diferencia-se porque sua fotografia tem estilo próprio, específico de quem se empenhou a vida inteira em retratar pessoas em quaisquer situações. Nisso ela sempre foi mais intuitiva, pois o objetivo é flagrar a condição humana que emerge do instante efêmero.

2007 – 2008

Estes anos foram muito especiais para Vania Toledo. Em fevereiro de 2007 no SESC-Pinheiros iniciou nova serie de exposições com a mostra retrospectiva "Palco Paulistano – 40 anos de teatro em São Paulo". Com curadoria e museugrafia de Fausto Chermont, composta de 160 imagens (ver texto de abertura). Exposição que dá origem ao projeto deste livro.

Seguindo em março de 2008, exibiu na Caixa Cultural Sé – São Paulo, Mulheres Espetaculares – personagens femininos, com curadoria da autora; e no segundo semestre a exposição Diário de Bolsa – Instantâneos do Olhar, na Pinacoteca do Estado, curadoria de Diógenes Moura com 150 fotografias, que retomou sua surpreendente e inovadora coleção de flagrantes da cena noturna. Eder Chiodetto, crítico da Ilustrada, registrou: "vemos a atitude libertária das celebridades quando não havia assessorias de imagem, botox, lista de VIPs e revista de fofoca não tinha ilha. (...) A vida parecia fluir como uma ruidosa festa hedonista".[9]

[8] Revista Iris, Nº 509, "Vania Toledo em cores", de 1997.
[9] Folha de São Paulo, Ilustrada, "Toledo clicou espírito indômito", 30 de agosto de 2008.

This book is a moment of inflection in the artist's development. Though she took the difficulties in her stride – "the difficult is perhaps always the most fascinating" – this work is different, from the graphic design to the content of the images, and it eschews her norm, both technically and aesthetically. It stands out, because her photography has a style of its own, the kind proper to someone who has spent a lifetime portraying people in the most varied situations. In this she was always more intuitive, as the goal was to capture the human condition as it emerges from the fleeting moment.

2007 - 2008

Very special years for Vania Toledo. In February 2007 she began a new series of exhibitions at SESC-Pinheiros with the retrospective "Palco Paulistano – 40 anos de teatro em São Paulo (The São Paulo Stage – 40 years of theatre in São Paulo). Under the curatorship and museography of Fausto Chermont, the exhibition consisted of 160 pictures (see the opening text) and gave rise to the present book.

Following that, in March 2008, she curated her own the exhibition Mulheres Espetaculares – personagens femininos (Spectacular Women – feminine characters) at Caixa Cultural Sé – São Paulo. In the second semester of the same year came the show Diário de Bolsa – Instantâneos do Olhar (Handbag Diary – Snapshots of the Eye), at the Pinacoteca do Estado, under the curatorship of Diógenes Moura. This collection of 150 photographs revisits her surprising and innovative body of nightlife snapshots. Eder Chiodetto, critic with Ilustrada, remarked: "we see the libertarian attitude of celebrities back when there were no image managers, Botox, VIP lists and before gossip mags had islands (...) Life seemed to flow like some noisy hedonistic party".[9]

This documentation, produced in the 70s and 80s, in the full throes of musical effervescence and sexual freedom, denotes a courageous attitude in the face of photographic technique. Armed with her Yashica automatic – nicknamed Nhá Chica by Gilberto Gill

[9] Folha de São Paulo, Ilustrada, "Toledo clicou espírito indômito", 30 de agosto de 2008.

Essa documentação, produzida nos anos 1970 e 80, em plena efervescência musical e liberdade sexual, denota uma atitude corajosa diante da técnica fotográfica. Munida apenas de uma câmera automática Yashica – apelidada *Nhá Chica* por Gilberto Gil – Vania produziu uma fotografia tecnicamente descompromissada, descontraída, impossível de ser realizada nos dias de hoje. Todos fazendo graça diante de um olhar cúmplice e carinhoso, em que a explosão de luz do flash não aterrorizava ninguém, pois o momento era de plena alegria e espontaneidade.

Agora, com a publicação deste livro – *Palco Paulistano* –, Vania fecha um ciclo histórico raro na produção fotográfica contemporânea brasileira. A coleção selecionada para esta edição foi produzida entre 1963 e 2007 e traça um amplo painel sobre a questão da representação no teatro paulistano. Ao mesmo tempo, o livro é encarado como um desafio profissional, pois corajosamente ela não só mostra as imagens, mas deixa documentado as rasuras e os ruídos provocados ao longo do seu período de aprendizado.

Ao assumir os defeitos da jovem aprendiz, Vania privilegia o momento de sinergia entre ela e o espetáculo, e valoriza o documento fotográfico. Para Boris Kossoy: "Se por um instante, durante a gravação da imagem, houve uma conexão com o fato real, no instante seguinte, e para sempre, o que se tem é o assunto representado; o fato se dilui no instante em que é registrado: o fato é efêmero, sua memória, contudo, permanece – pela fotografia. São os documentos fotográficos que agora prevalecem; neles vemos algo que fisicamente não é tangível; é a dimensão da representação: uma experiência ambígua que envolve os receptores, pois, dependendo do objeto retratado, desliza entre a informação e a emoção".[10]

Claro que a jovem estudante Vania, no começo de sua trajetória, estava preocupada em aperfeiçoar sua fotografia. Então, a luz teatral – trágica, expressionista, dramática – servia apenas para viabilizar tecnicamente sua imagem que era pura sensibilidade. Mas, aos poucos, foi se interessando pelo texto, pela artesania teatral, pela direção, e como

[10] Boris Kossoy, *Os Tempos da Fotografia – o efêmero e o perpétuo*. São Paulo: Ateliê Editorial, 2007.

– Vania produced a photography that was technically unbound and relaxed, the likes of which would be impossible to do today: everyone goofing around before the complicit and affectionate gaze of a camera whose exploding flash held no terror, because it was a time of pure joy and spontaneity.

Now, with the publication of this book – *Palco Paulistano*, Vania closes a rare historical circle in contemporary Brazilian photographic production. The collection selected for this edition was produced between 1963 and 2007 and paints a broad panel on the question of representation in São Paulo theatre. At the same time, the book posed a professional challenge, as she not only offers the pictures themselves, but also courageously a record of the scrap and static that littered her learning curve.

In accepting the defects of the young apprentice, Vania privileges the moment of synergy between she and the spectacle, accruing value to the photographic document. For Boris Kossoy: "If for an instant, during the capture of an image, there was a connection with some real fact, in the instant that follows, and forever thereafter, what you have is the represented subject; the fact is diluted the moment its is registered: the fact is ephemeral, its memory, however, is abiding – rendered so by photography. It is now the photographic documents that prevail, and in them we see what is not physically tangible; it is the dimension of representation, an ambiguous experience that involves the receivers, because, depending on the object portrayed, it slides between information and emotion"[10].

Of course the young Vania, at the outset of her development, wanted to perfect her photography. The theatre lighting – tragic, expressionist, dramatic – merely served to make technically viable an image that was pure sensibility. Little by little, she developed an interest in the script, in the theatrical craft, the direction, and, as always occurs naturally, her involvement

[10] Boris Kossoy, *Os Tempos da Fotografia – o efêmero e o perpétuo*. São Paulo: Ateliê Editorial, 2007.

sempre ocorre naturalmente, foi crescendo o seu envolvimento. Isso acabou enriquecendo seus procedimentos e alterando seu processo de criação. "Aprendi com os meus erros e os meus acertos"[11], enfatizou Vania – e o livro ilustra exatamente esse percurso e, de alguma forma, evidencia seu aprendizado.

Como sabemos, o ato de criação sempre exerce um fascínio nos produtores e receptores da obra, o que para Bachelard é apenas uma constatação uma vez que "o homem é a única criatura da Terra que tem vontade de olhar para o interior da outra"[12]. Claro que no caso de Vania Toledo o ser humano é sua grande paixão e sua fonte permanente de inspiração, daí seu trabalho estar centrado basicamente no retrato. Por isso mesmo, devemos entender as diferentes fotografias deste livro como "índices do processo de criação, suportes para a produção artística ou registros da memória de uma criação".[13]

É interessante pensar qual a diferença entre o ritual sócio-religioso percebido ainda na infância, e o ritual teatral registrado na sua fotografia durante décadas. Com a sensibilidade desenvolvida na pequena cidade mineira de Paracatu, ela impôs seu olhar à cena teatral paulistana – de Arrabal a José Celso Martinez Correia, de Paulo Autran a Marília Pera, da desconstrução do Asdrubal à visualidade transgressora de Antunes Filho. Quase nada deixou de ser documentado, e ver essas fotografias hoje é voltar ao passado, é restituí-las de vida e de verdade, é revitalizar um tempo adormecido por décadas. Essa é a magia da fotografia de Vânia Toledo que nos emociona com imagens nunca publicadas, estranhas até mesmo para atores e diretores, que se surpreenderão com o documento fotográfico, registro da sua performance no espaço e no tempo.

Na fotografia brasileira temos poucos livros exemplares de registros teatrais. Um deles é o de Fred Kleeman, editado pela Secretaria Municipal de Cultura nos anos 1980, e que publica parte do valioso acervo documental do trabalho fantástico desse fotógrafo. Suas imagens têm a aura do movimento teatral do final dos anos 1940, iniciado pelo Teatro Brasileiro de Comédia, e anos 1950, mas são diferentes da produção de Vania Toledo.

[11] Entrevista ao autor em 27 de novembro de 2008.

[12] Gaston Bachelard, *O Direito de Sonhar*. São Paulo, Difel, 1986.

[13] Cecilia de Almeida Salles, *Crítica Genética – fundamentos dos estudos genéticos sobre o processo de criação artística*. São Paulo, Educ, 2008.

---

deepened, enriching her procedures and altering her creative process. "I learned by hit and miss"[11], Vania insists – and the book is an illustration of precisely this progression, evincing the learning as it came.

As we know, the act of creation always holds a fascination for the producers and receivers of the work, which for Bachelard was proof that "man is the only creature on the Earth who has the yearning to look into the interior of the other"[12]. Of course, in the case of Vania Toledo, the human being is her great passion and endless source of inspiration, hence her life's work has basically hinged upon the portrait. More reason, then, why we should understand the very different photographs in this book as "traces of the creative process, supports for artistic production or memories of a creation"[13].

It is interesting to wonder what the difference might be between the socio-religious ritual perceived during childhood and the theatrical ritual registered in decades' worth of photographs. With the sensibility developed in the small town of Paracatu, Minas Gerais, she turns her gaze upon the São Paulo stage – from Arrabal to José Celso Martinez Correia, from Paulo Autran to Marília Pera, from Asdrubal's deconstruction to the transgressive visuality of Antunes Filho. Almost nothing escaped her record, and to see these photographs today is almost like going back into the past, restoring them their life and truth, revitalizing a time that has lain dormant for decades. This is the magic of Vania Toledo's photography, stirring us with these previously unpublished pictures, strange even to actors and directors, who will certainly be taken aback by this photographic document, a record of their performances in space and time.

In Brazilian photography there are few exemplary books on theatre. One is the work by Fred Kleeman, published by the Municipal Culture Secretariat in 1980, which contains a valuable part of the documentary archives of this photographer's fantastic work. His images capture the aura of the theatre movement of late 40s, with the Teatro Brasileiro de Comédia, and of the 50s, but they are very different to Vania Toledo's pictures.

[11] Interview with the author on November 27, 2008.

[12] Gaston Bachelard, *O Direito de Sonhar*. São Paulo, Difel, 1986.

[13] Cecilia de Almeida Salles, *Crítica Genética – fundamentos dos estudos genéticos sobre o processo de criação artística*. São Paulo, Educ, 2008.

Fred Kleeman trabalhou na maioria das vezes com a Rolleiflex, formato 6X6 cm e seus registros são estáticos, pois ele acompanhava toda elaboração do espetáculo e fotografava as cenas iluminadas com os atores fixos em seus lugares. Não há ação, pois ele buscou uma documentação refinada do ponto de vista técnico, mas esvaziada da emoção performática. Vania, ao contrário, utilizando uma câmera típica do seu tempo, de pequeno formato, deixava a cena correr e buscava flagrar um instante preciso do espetáculo, quando o ator está completamente tomado pelo personagem. Essa diversidade de registro não minimiza os trabalhos, apenas demonstra que os objetivos eram diferentes, mas igualmente preciosos para a história da fotografia e do teatro.

As fotografias selecionadas para este livro não receberam tratamento digital exagerado. Vania preferiu deixar suas imperfeições à vista de todos, para enfatizar suas experimentações, como se fossem pegadas, rastros assumidos para todos concretizarem os diferentes momentos do seu processo criativo. Quis dar evidência e jogar luzes nos defeitos do aprendiz, que apesar de tudo, já tinha alguma força visual e intuição suficientes para não se deixar encantar pelo purismo técnico.

Antonio Bivar, jornalista, escritor e amigo de todas as horas foi preciso quando escreveu que "Vania não busca o perfeccionismo acadêmico nem lança truques *avant-garde*. (...) prefere fazer diferente. Profissional ela é demais. Tenho visto pouca gente trabalhar como ela trabalha. Conversamos muito a respeito do seu estilo e eu diria que Vania captou a alma do fotógrafo amador e a transformou em uma forma de arte ampliada, maior, mas sempre espontânea".[14]

Vania Toledo, sem dúvida, acompanhou e é parte do movimento cultural paulistano dos últimos quarenta anos. O livro *Palco Paulistano* é sem dúvida a memória de um olhar mobilizado para registrar o seu tempo e contempla parte de sua produção artística. Ele referenda aquilo que ela sempre defendeu: o artista é o verdadeiro guardião dos seus sonhos e a importância de publicar livros está exatamente na possibilidade de se compartilhar informações e emoções com as pessoas.

[14] Antonio Bivar, revista *Iris*, "Vania Toledo – imagens das estrelas", Nº 308, setembro de 1978.

Fred Kleeman usually worked in Rolleiflex, 6x6 format, and his pictures are static, because he followed the development of the whole spectacle and photographed the scenes with good lighting and with the actors fixed at their stations. There is no action, because he strove for technical refinement void of performatic emotion. Vania, on the other hand, used the typical camera of her day, a small pocket camera, and she let the scene run, waiting to capture the performance at just the right moment, when the actor was completely immersed in the character. This comparison does not diminish either body of work, it simply shows that the intentions were different, but equally precious to the history of theatre photography.

The photographs selected for this book did not receive any significant digital enhancement. Vania preferred to leave their imperfections there for all to see, to underscore their experimental nature, as if they were footprints, tracks that concretize the different moments in her creative process. She wanted to underscore and elucidate the errors of the learner, who, despite everything, already had enough visual power and intuition not to fall under the spell of technical purism.

Antonio Bivar, journalist, writer and lifelong friend, was spot on when he said that "Vania didn't look for academic perfectionism or pull any avant-garde tricks. (...) she wanted to do things differently. Professional to a fault, I have rarely seen anyone work like she does. We have talked a lot about her style and I would say that Vania captured the soul of amateur photography and turned it into a form of art, enlarged, bigger, but always spontaneous"[14].

Without doubt, Vania Toledo has been an observer and a part of the São Paulo cultural movement for the last forty years. The book *Palco Paulistano* is the memory of an eye intent on recording its age and on contemplating part of its artistic legacy. She practices what she has always preached: the artist is the true guardian of dreams, and the importance of publishing books lies precisely in the possibility of sharing information and emotions with others.

[14] Antonio Bivar, revista *Iris*, "Vania Toledo – imagens das estrelas", Nº 308, September 1978.

HAIR 1968

HAIR 1968 Cena do espetáculo | Stage Set > Altair Lima, Bibi Vogel e elenco | and cast

PENA QUE ELA SEJA UMA PUTA | 'TIS PITY SHE'S A WHORE 1964   < Cena do espetáculo | Stage Set   Etty Fraser e | and Líbero Ripoli

ZOO STORY 1965   Carlos Vereza e | and Raul Cortez   > Carlos Vereza

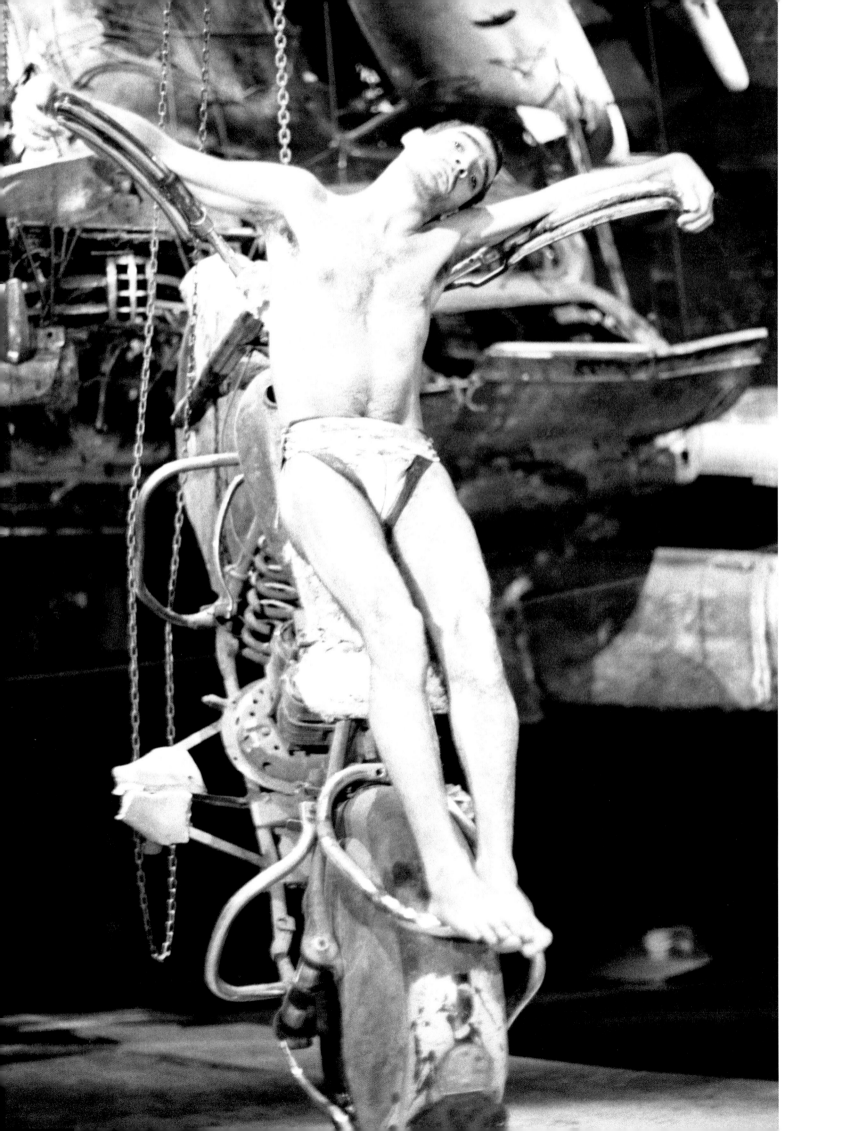

CEMITÉRIO DE AUTOMÓVEIS 1968 « Cecil Thiré ‹ Ivan Setta Cena do espetáculo | Stage Set » Jaqueline Laurance e | and Ivan Setta

GALILEU GALILEI | GALILEO 1968 « Renato Borghi   Renato Borghi e elenco | and cast

FALA BAIXO SENÃO EU GRITO 1969 > Marília Pêra e | and Paulo Villaça

FALA BAIXO SENÃO EU GRITO 1969   Marília Pêra   > Marília Pêra e | and Paulo Villaça

O BALCÃO | THE BALCONY 1969   « Neide Duque   « Assunta Perez   Cena do espetáculo | Stage Set   > Ruth Escobar

O BALCÃO | THE BALCONY 1969 Cláudio Mamberti e elenco | and cast Fredy Kleemann e elenco | and cast > Dionísio Azevedo e | and Raul Cortez

O BALCÃO | THE BALCONY 1969   Sérgio Mamberti e | and Neide Duque   > Heleno Prestes   » Elizabeth Gasper e | and Assunta Perez   » Elizabeth Gasper

RITO DO AMOR SELVAGEM 1969 Grupo Sonda > Stênio Garcia

ROMEU E JULIETA | ROMEO AND JULIET 1969 ‹ Regina Duarte   Renato Machado e | and Clarisse Abujamra

MACBETH 1970 Paulo Autran

MACBETH 1970   Paulo Autran e | and Tonia Carrero   > Tonia Carrero

MEDÉIA | MEDEA 1970   Cleide Yaconis   > Cleide Yaconis e elenco | and cast

> O ARQUITETO E O IMPERADOR DA ASSÍRIA | THE ARCHITECT AND THE EMPEROR OF ASSYRIA 1970   Rubens Corrêa e | and José Wilker

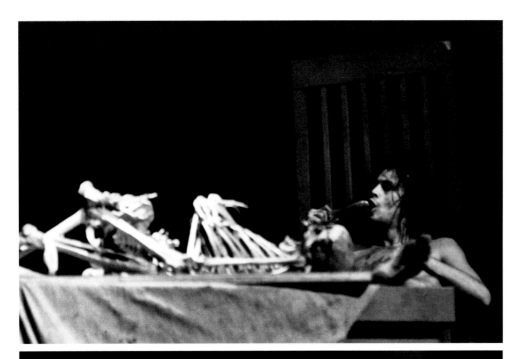

O ARQUITETO E O IMPERADOR DA ASSÍRIA | THE ARCHITECT AND THE EMPEROR OF ASSYRIA 1970   José Wilker   Rubens Corrêa e | and José Wilker   > José Wilker   >> Rubens Corrêa   >>> José Wilker

O BEIJO NO ASFALTO 1970 Marta Overbeck   Regina Braga   > Renato Dobal e elenco | and cast

O BRAVO SOLDADO SCHWEICK | THE BRAVE SOLDIER SCHWEICK 1970 Hélio Ary, Roberto Rocco e | and Luiz Serra   Abrahão Farc, Hélio Ary, Cláudio Mamberti e | and Luiz Serra   > Hélio Ary e | and Abrahão Farc

SEU TIPO INESQUECÍVEL 1970   Odete Lara e | and Odavlas Petti

SEU TIPO INESQUECÍVEL 1970 Odete Lara e | and Odavlas Petti

SEU TIPO INESQUECÍVEL 1970   Tereza Raquel e | and Odavlas Petti

OS DOIS CAVALHEIROS DE VERONA | THE TWO GENTLEMEN OF VERONA 1971   Sérgio Mamberti   > Cena do espetáculo | Stage Set

OS RAPAZES DA BANDA | THE BOYS IN THE BAND 1971   ‹ Raul Cortez   Raul Cortez, Lima Duarte, Énio Gonçalves e | and Tony Ramos

92 OS RAPAZES DA BANDA | THE BOYS IN THE BAND 1971   John Herbert e | and Raul Cortez   > Lima Duarte e | and Raul Cortez

APARECEU A MARGARIDA 1973   Marília Pêra e | and Ivan Pontes   > Marília Pêra

BODAS DE SANGUE | BLOOD WEDDING 1973   Ney Latorraca e | and Marcia Real   > Ney Latorraca e | and Maria Della Costa   >> Ney Latorraca

HOJE É DIA DE ROCK 1973   Esther Goes e | and Raul Cortez   > Raul Cortez

A VIDA E A ÉPOCA DE DAVID CLARK | THE LIFE AND TIMES OF DAVID CLARK 1974

A VIDA E A ÉPOCA DE DAVID CLARK | THE LIFE AND TIMES OF DAVID CLARK 1974

MUMU, A VACA METAFÍSICA 1975   Antônio Petrin e | and Carlos Augusto Strazzer   Antônio Petrin e | and Sônia Guedes   Sônia Guedes   > Carlos Augusto Strazzer

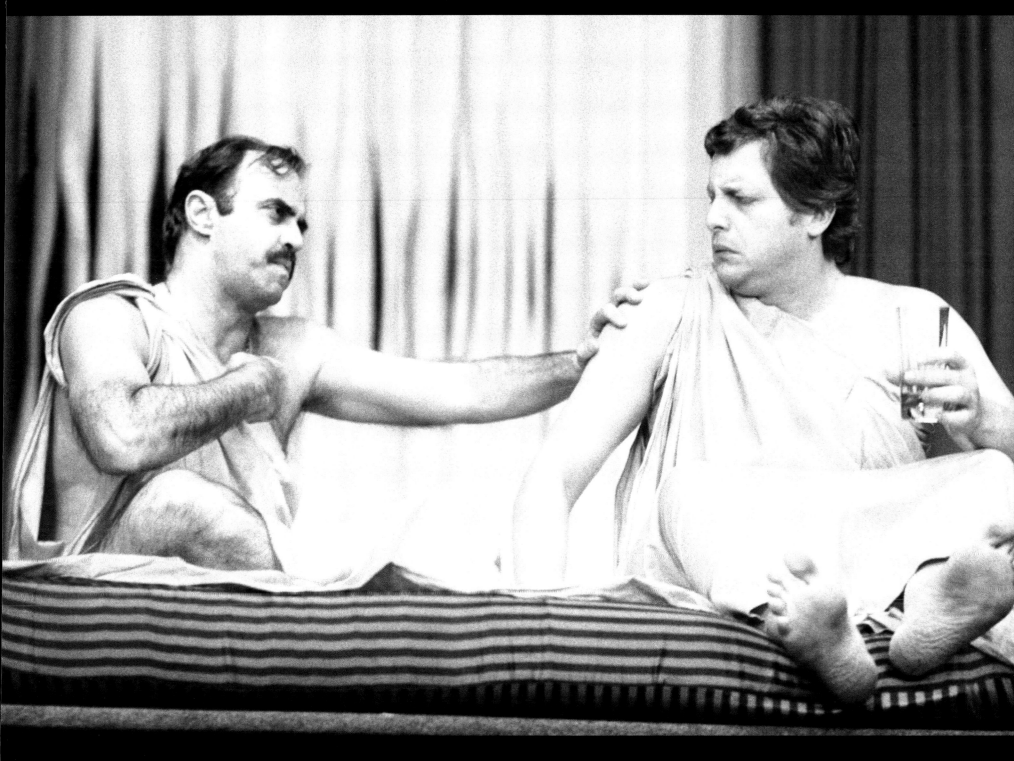

A FEIRA DO ADULTÉRIO 1976   « Mauro Mendonça e | and Fulvio Stefanini   ‹ Arlete Salles   Mauro Mendonça e | and Rosamaria Murtinho

A FEIRA DO ADULTÉRIO 1976 <Rosamaria Murtinho   Mauro Mendonça e | and Campozzana

114 À MARGEM DA VIDA | THE GLASS MENAGERIE 1976 Beatriz Segall   Edwin Luisi, Beatriz Segall e | and Ariclê Perez   > Ariclê Perez

À MARGEM DA VIDA | THE GLASS MENAGERIE 1988   Barbara Bruno e | and Nicette Bruno   Barbara Bruno e | and Antonie Rovis

À MARGEM DA VIDA | THE GLASS MENAGERIE 1988   Nicette Bruno

A NOITE DOS CAMPEÕES | THAT CHAMPIONSHIP SEASON 1976 Sérgio Mamberti e | and Raul Cortez   > Cláudio Correa e Castro, Sérgio Mamberti e | and Edney Giovenazzi

DR. KNOCK 1976 « Paulo Autran e | and Walter Stuart   Paulo Autran e | and Abrahão Farc   > Paulo Autran e | and Edy Siqueira

DR. KNOCK 1976 < Paulo Autran e | and Karin Rodrigues   Ruthinéia de Moraes

GENTE FINA É OUTRA COISA 1976 Yolanda Cardoso > Paulo Villaça

GENTE FINA É OUTRA COISA 1976 Yolanda Cardoso > Yolanda Cardoso e | and Paulo Villaça

PANO DE BOCA 1976 Nuno Leal Maia e | and Benê Mendes > Célia Helena

PANO DE BOCA 1976 < Jonas Bloch   Nuno Leal Maia   Célia Helena

TIRO AO ALVO 1976   Lilian Lemmertz   Sérgio Mamberti   > Marco Nanini, Sérgio Mamberti e | and Lilian Lemmertz

ALICE QUE DELÍCIA 1977   Ênio Gonçalves, Cristine Nazareth e | and Maria Della Costa   > Maria Della Costa

ESCUTA, ZÉ! | LISTEN, LITTLE MAN! 1977 « Cena do espetáculo | Stage Set ‹ Thales Pan Chacon, João Maurício e | and Bernadette Figueiredo Rodrigo Santiago

O SANTO INQUÉRITO 1977   Regina Duarte   143

O SANTO INQUÉRITO 1977   Tácito Rocha e | and Regina Duarte   Humberto Magnani e | and Regina Duarte   > Regina Duarte

OS FILHOS DE KENNEDY | KENNEDY'S CHILDREN 1977 « Marco Nanini   Irene Ravache

OS FILHOS DE KENNEDY | KENNEDY'S CHILDREN 1977   Thaia Perez   Marco Nanini   > Iara Amaral

PEDREIRA DAS ALMAS 1977   > Rildo Gonçalves, Terezza Teller e elenco | and cast   > Fernando de Almeida e | and Tereza Teller

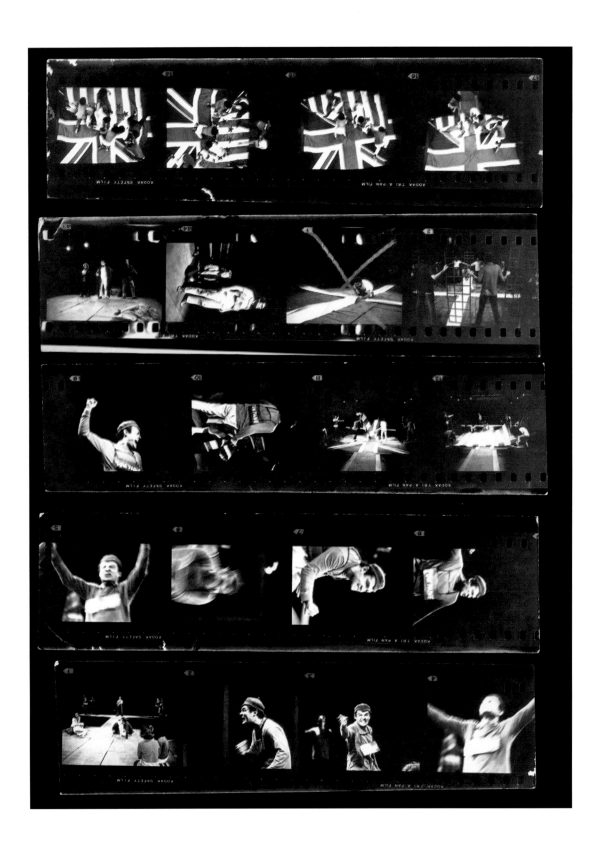

TOM PAINE 1977 Sequência de Contatos Fotográficos | Series of photographic contacts > Othon Bastos

TOM PAINE 1977 < Othon Bastos, Ivan Setta e | and Oswaldo Louzada   Ivan Setta e elenco | and cast   Elias Gleizer

158　　TORRE DE BABEL 1977　　Maurício Loyola e | and Maria Rita　　Zé Fernandes e | and Ruth Escobar　　> J.C. Viola, Carlos Kopa (ajoelhado), Maurício Loyola e | and Maria Rita　　> Maurício Loyola e | and Maria Rita

159

< TRATE-ME LEÃO 1977   Luiz Fernando Guimarães e | and Regina Casé   Regina Casé

CAMAS REDONDAS, CASAIS QUADRADOS | MOVE OVER MRS. MARKHAM 1978 < Marco Nanini, Sérgio Mamberti e | and Guilherme Correa   Ana Rosa e | and Marcos Caruso   163

MACUNAÍMA 1978 > Cacá Carvalho e | and Grupo Pau-brasil   » Cena do espetáculo | Stage Set

MACUNAÍMA 1978 Cacá Carvalho e | and Grupo Pau-brasil

170 O PRIMEIRO | THE FIRST, THE LAST AND THE MIDDLE 1978   Cláudia Mello e | and Pedro Paulo Rangel

172 VEJO UM VULTO NA JANELA, ME ACUDA QUE SOU DONZELA 1978   > Maria Eugênia de Domenico, Yolanda Cardoso, Cláudia Mello e | and Ruthinéia de Moraes

AFINAL, UMA MULHER DE NEGÓCIOS | THE BITTER TEARS OF PETRA VON KANT 1981   Irene Ravache   > Irene Ravache e elenco | and cast

AQUELA COISA TODA 1981   Patrícia Travassos e | and Evandro Mesquita   Cena do espetáculo | Stage Set   > Luiz Fernando Guimarães, Regina Casé, Perfeito Fortuna, Patrícia Travassos e | and Evandro Mesquita

OPA 135   BENT   FOLHA N.º 1981

PAULO ORSOVAY - S. PAULO - RUA DR. CESÁRIO MOTTA JR., 473 - FONES: 257-4653 - 257-3782 - C.G.C.(M.F.) 60.910.247/0001-77

BENT 1981 < Sequência de Contatos Fotográficos | Series of photographic contacts   Ricardo Petraglia

DOCE DELEITE 1981   Regina Casé   Regina Casé e | and Marco Nanini   > Regina Casé

DOCE DELEITE 1981 Marco Nanini e | and Bia Nunes > Regina Casé e | and Marco Nanini

DOCE DELEITE 1981 Marco Nanini e | and Marília Pêra   > Marco Nanini

O PERCEVEJO | THE BEDBUG 1981 < Cacá Rosset   Dedé Veloso e elenco | and cast

O PERCEVEJO | THE BEDBUG 1981 < Cena do espetáculo | Stage Set   Dedé Veloso e | and Cacá Rosset   Cacá Carvalho e | and Maria Alice Vergueiro

A VOLTA POR CIMA 1983 Sebastião Vasconcelos e | and Tonia Carrero

AH! AMÉRICA 1985   Raul Cortez   » Raul Cortez

MADAME BLAVATSKY 1985 Thaia Perez e | and Walderez de Barros > Thaia Perez

A ESTRELA DALVA 1987 Sylvia Massari e | and Jorge Fernando   Sylvia Massari e | and Paulo César Grande   > Jorge Fernando

A ESTRELA DALVA 1987   Sylvia Massari   > Jorge Fernando e elenco | and cast

LOBO DE RAY BAN 1987 « Cristiane Torloni   « Raul Cortez   Raul Cortez   Cristiane Torloni   › Cristiane Torloni e | and Raul Cortez

LOBO DE RAY BAN 1987   Raul Cortez e | and Renato Modesto

O MISTÉRIO DE IRMA VAP | THE MYSTERY OF IRMA VAP 1988   Marco Nanini e | and Ney Latorraca   > Ney Latorraca   > Marco Nanini

O MISTÉRIO DE IRMA VAP | THE MYSTERY OF IRMA VAP 1988 Ney Latorraca e | and Marco Nanini

LOUCO DE AMOR | FOOL FOR LOVE 1989   Edson Celulari e | and Xuxa Lopes   > Xuxa Lopes

LOUCO DE AMOR | FOOL FOR LOVE 1989 Edson Celulari e | and Xuxa Lopes   > Antônio Calloni, Edson Celulari e | and Lineu Dias

BONITA LAMPIÃO 1994 Plínio Soares e | and Renata Melo

BONITA LAMPIÃO 1994   Plínio Soares e | and Renata Melo   > Renata Melo

O BEIJO | THE KISS (SWAN'S WAY) 1995   Ariclê Perez   > » Ariclê Perez

SALOMÉ | SALOME 1997   Cristiane Torloni e | and Luís Mello   > Luís Mello e elenco | and cast

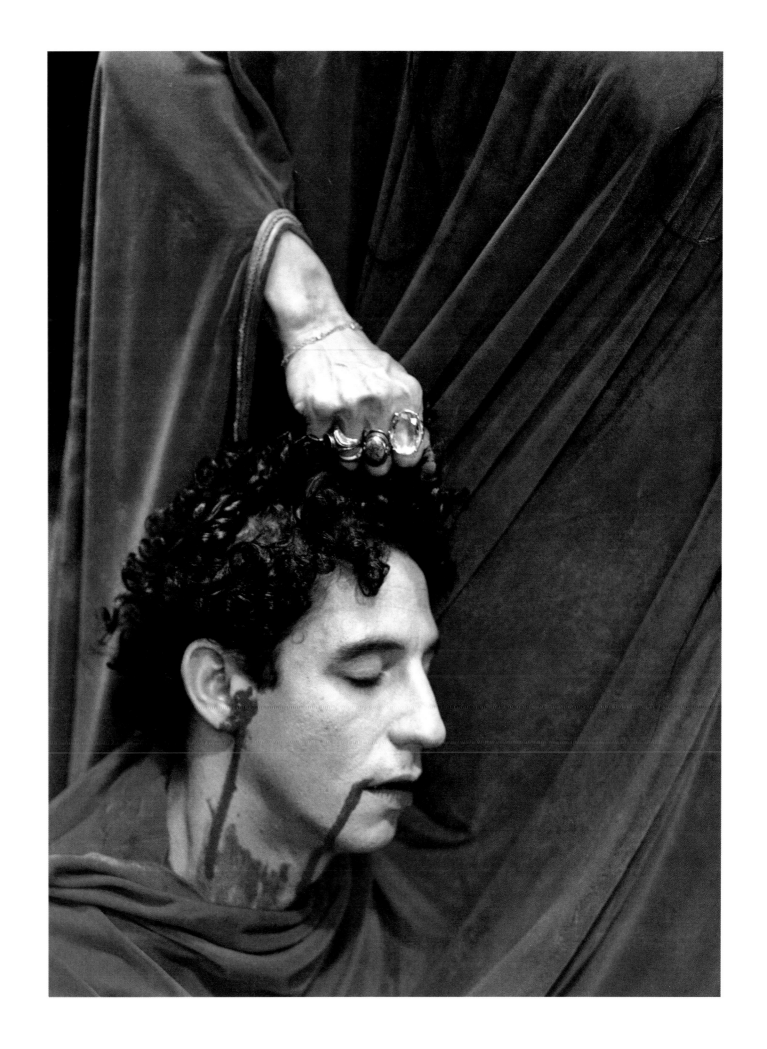

SALOMÉ | SALOME 1997 Tuca Andrada

CÂNDIDA ERÊNDIRA E SUA AVÓ DESALMADA | INNOCENT ERENDIRA 1999   Esther Goes e elenco | and cast   > Esther Goes e | and Gero Camilo   > Cena do espetáculo | Stage Set

237

HONRA | HONOUR 1999 Gabriela Duarte e | and Regina Duarte   > Regina Duarte e | and Marcos Caruso   » Carolina Ferraz e | and Marcos Caruso

242   O HOMEM DO CAMINHO 2000   Cláudio Mamberti

244　　REPLAY 2000　　Vera Zimmermann　　Raul Gazolla　　> Leopoldo Pacheco, Vera Zimmermann e | and Raul Gazolla

PEQUENOS CRIMES CONJUGAIS | PARTNERS IN CRIME 2006 Petrônio Gontijo e | and Maria Fernanda Cândido > Petrônio Gontijo

PEQUENOS CRIMES CONJUGAIS | PARTNERS IN CRIME 2006   Maria Fernanda Cândido e | and Petrônio Gontijo

Legendas dos Espetáculos | The Playslists of Pieces

Páginas | Pages 24 a | to 27
HAIR 1963
Texto | Written by James Rado e | and Gerome Ragni
Direção | Directed by Ademar Guerra
Teatro Zaccaro

Páginas | Pages 38 a | to 41
GALILEU GALILEI 1968
GALILEO
Texto | Written by Bertold Brecht
Direção | Directed by José Celso Martinez Corrêa
Teatro Oficina

Páginas | Pages 58 e | and 59
RITO DO AMOR SELVAGEM 1969
Texto | Written by José Agripino de Paula
Direção | Directed by José Agripino de Paula e | and Maria Esther Stockler
Theatro São Pedro

Capa e Páginas | Cover and Pages 68 a | to 73
O ARQUITETO E O IMPERADOR DA ASSÍRIA 1970
Texto | Written by Fernando Arrabal
Direção | Directed by Ivan Albuquerque
Teatro Bela Vista

Páginas | Pages 28 e | and 29
PENA QUE ELA SEJA UMA PUTA 1964
'TIS PITY SHE'S A WHORE
Texto | Written by John Ford
Direção | Directed by José Celso Martinez Corrêa
Teatro Oficina

Páginas | Pages 42 e | and 43
ALZIRA POWER OU O CÃO SIAMÊS 1969
Texto | Written by Antônio Bivar
Direção | Directed by Emílio Di Biasi
Teatro Ruth Escobar

Páginas | Pages 60 e | and 61
ROMEU E JULIETA 1969
ROMEO AND JULIET
Texto | Written by W. Shakespeare
Direção | Directed by Jô Soares
Teatro Ruth Escobar

Páginas | Pages 74 a | to 79
O BEIJO NO ASFALTO 1970
Texto | Written by Nelson Rodrigues
Direção | Directed by Antônio Pedro
Teatro Oficina

Páginas | Pages 30 e | and 31
ZOO STORY 1965
Texto | Written by Edward Albee
Direção | Directed by Martin Gonçalves
Teatro do Meio Ruth Escobar

Páginas | Pages 44 a | to 47
FALA BAIXO SENÃO EU GRITO 1969
Texto | Written by Leilah Assumpção
Direção | Directed by Clóvis Bueno
Teatro Aliança Francesa

Páginas | Pages 62 a | to 65
MACBETH 1970
Texto | Written by W. Shakespeare
Direção | Directed by Fauzi Arap
Teatro Anchieta

Páginas | Pages 80 e | and 81
O BRAVO SOLDADO SCHWEICK 1970
THE BRAVE SOLDIER SCHWEICK
Texto | Written by Jaroslav Hasec
Direção | Directed by Antônio Pedro
Teatro de Arena

Páginas | Pages 32 a | to 37
CEMITÉRIO DE AUTOMÓVEIS 1968
Texto | Written by Fernando Arrabal
Direção | Directed by Victor Garcia
Teatro Treze de Maio

Páginas | Pages 12, 13, 48 a | to 57
O BALCÃO 1969
THE BALCONY
Texto | Written by Jean Genet
Direção | Directed by Victor Garcia
Teatro Ruth Escobar

Páginas | Pages 66 e | and 67
MEDÉIA 1970
MEDEA
Texto | Written by Eurípedes
Direção | Directed by Silney Siqueira
Teatro SESC Anchieta

Páginas | Pages 82 a | to 87
SEU TIPO INESQUECÍVEL 1970
Texto | Written by Eloy Araujo
Direção | Directed by Fauzi Arap
Teatro Itália

Páginas | Pages 88 e | and 89
OS DOIS CAVALHEIROS DE VERONA 1971
TWO GENTLEMEN OF VERONA
Texto | Written by W. Shakespeare
Direção | Directed by Michael Bogdanov
Teatro Ruth Escobar

Páginas | Pages 100 e | and 101
HOJE É DIA DE ROCK 1973
Texto | Written by José Vicente
Direção | Directed by Emílio Di Biasi
Teatro Treze de Maio

Páginas | Pages 114 a | to 117
À MARGEM DA VIDA 1976/1988
THE GLASS MENAGERIE
Texto | Written by Tennessee Williams
Direção | Directed by Flávio Rangel
Theatro São Pedro

Direção | Directed by Antônio Abujamra
Teatro Paiol

Páginas | Pages 130 a | to 133
PANO DE BOCA 1976
Texto | Written by Fauzi Arap
Direção | Directed by Fauzi Arap
Teatro Treze de Maio

Páginas | Pages 90 a | to 93
OS RAPAZES DA BANDA 1971
THE BOYS IN THE BAND
Texto | Written by Mart Crowley
Direção | Directed by Maurice Vaneau
Teatro Cacilda Becker

Páginas | Pages 102 a | to 105
A VIDA E A ÉPOCA DE DAVID CLARK 1974
THE LIFE AND TIMES OF DAVID CLARK
Texto | Written by Robert Wilson
Direção | Directed by Robert Wilson
Teatro Municipal de São Paulo

Páginas | Pages 118 e | and 119
A NOITE DOS CAMPEÕES 1976
THAT CHAMPIONSHIP SEASON
Texto | Written by Jason Miller
Direção | Directed by Cecil Thiré
Teatro Augusta

Páginas | Pages 134 e | and 135
TIRO AO ALVO 1976
Texto | Written by Flávio Márcio
Direção | Directed by Ronaldo Brandão
Teatro FAAP

Páginas | Pages 94 e | and 95
APARECEU A MARGARIDA 1973
Texto | Written by Roberto Athayde
Direção | Directed by Aderbal Freire Filho
Teatro Paiol

Páginas | Pages 106 e | and 107
MUMU, A VACA METAFÍSICA 1975
Texto | Written by Marcílio Moraes
Direção | Directed by Flávio Rangel
Teatro Marcante

Páginas | Pages 120 a | to 125
DR. KNOCK 1976
Texto | Written by Jules Romain
Direção | Directed by Silney Siqueira
Teatro Anchieta

Páginas | Pages 136 e | and 137
ALICE QUE DELÍCIA 1977
Texto | Written by Antônio Bivar
Direção | Directed by Odavlas Petti
Teatro Maria Della Costa

Páginas | Pages 96 a | to 99
BODAS DE SANGUE 1973
BLOOD WEDDING
Texto | Written by Alfredo Garcia Lorca
Direção | Directed by Antunes Filho
Teatro Itália

Páginas | Pages 108 a | to 113
A FEIRA DO ADULTÉRIO 1976
Texto | Written by Paulo Pontes, Ziraldo, Braulio Pedroso, João Bethencourt, Lauro César Muniz e | and Armando Costa
Direção | Directed by Jô Soares
Teatro Itália

Páginas | Pages 126 a | to 129
GENTE FINA É OUTRA COISA 1976
Texto | Written by Antônio Bivar e | and Alcyr Costa
Direção | Directed by Paulo Villaça
Teatro de Arena

Páginas | Pages 138 a | to 141
ESCUTA ZÉ! 1977
LISTEN, LITTLE MAN!
Texto | Written by Wilhelm Reich
Direção | Directed by Celso Nunes
Teatro Galpão

Páginas | Pages 142 a | to 145
O SANTO INQUÉRITO 1977
Texto | Written by Dias Gomes
Direção | Directed by Flávio Rangel
Teatro Anchieta

Páginas | Pages 158 e | and 159
TORRE DE BABEL 1977
Texto | Written by Fernando Arrabal
Direção | Directed by Luís Carlos Mendes Ripper
Teatro Ruth Escobar

Páginas | Pages 170 e | and 171
O PRIMEIRO 1978
THE FIRST, THE LAST AND THE MIDDLE
Texto | Written by Israel Horowitz
Direção | Directed by Jorge Takla e | and Israel Horowitz
Teatro Alfredo Mesquita

Páginas | Pages 6, 178 e | and 179
BENT 1981
Texto | Written by Martin Scherman
Direção | Directed by Roberto Vignati
Teatro Anchieta

Páginas | Pages 146 a | to 151
OS FILHOS DE KENNEDY 1977
KENNEDY'S CHILDREN
Texto | Written by Robert Patrick
Direção | Directed by Sérgio Britto
Teatro Treze de Maio

Páginas | Pages 160 e | and 161
TRATE-ME LEÃO 1977
Texto (criação coletiva) | Written by (collective effort) Grupo Asdrúbal Trouxe o Trombone
Direção | Directed by Hamilton Vaz Pereira
Teatro das Nações

Páginas | Pages 172 e | and 173
VEJO UM VULTO NA JANELA ME ACUDA QUE SOU DONZELA 1978
Texto | Written by Leilah Assumpção
Direção | Directed by Emílio Di Biasi
Teatro Aliança Francesa

Páginas | Pages 180 a | to 185
DOCE DELEITE 1981
Texto | Written by Mauro Rasi e | and Vicente Pereira
Direção | Directed by Marília Pêra
Teatro Maria Della Costa

Páginas | Pages 152 e | and 153
PEDREIRA DAS ALMAS 1977
Texto | Written by Jorge de Andrade
Direção | Directed by Teresa Thieriot
Teatro Alfredo Mesquita

Páginas | Pages 162 e | and 163
CAMAS REDONDAS, CASAIS QUADRADOS 1978
MOVE OVER MRS. MARKHAM
Texto | Written by Ray Cooney e | and John Chapman
Direção | Directed by José Renato
Teatro Itália

Páginas | Pages 174 e | and 175
AFINAL, UMA MULHER DE NEGÓCIOS 1981
THE BITTER TEARS OF PETRA VON KANT
Texto | Written by Rainer Werner Fassbinder
Direção | Directed by Sérgio Britto
Teatro Anchieta

Páginas | Pages 186 a | to 189
O PERCEVEJO 1981
THE BEDBUG
Texto | Written by Vladimir Maiakoviski
Direção | Directed by Luiz Antônio Martinez Correa
Teatro SESC Pompéia

Páginas | Pages 154 a | to 157
TOM PAINE 1977
Texto | Written by Paul Foster
Direção | Directed by Ademar Guerra
Teatro Vereda

Páginas | Pages 164 a | to 169
MACUNAÍMA 1978
Texto | Written by Mário de Andrade
Direção | Directed by Antunes Filho
Teatro São Pedro

Páginas | Pages 10, 176 e | and 177
AQUELA COISA TODA 1981
Texto | Written by Hamilton Vaz Pereira
Direção | Directed by Hamilton Vaz Pereira
Teatro das Nações

Páginas | Pages 190 e | and 191
A VOLTA POR CIMA 1983
Texto | Written by Domingos de Oliveira
Direção | Directed by Domingos de Oliveira
Theatro São Pedro

Páginas | Pages 192 a | to 195
AH! AMÉRICA 1985
Texto (colagem de textos) | Written by (text collage) Raul Cortez
Direção | Directed by Odavlas Petti
Sala Paschoal Carlos Magno

Páginas | Pages 208 a | to 211
O MISTÉRIO DE IRMA VAP 1988
THE MYSTERY OF IRMA VAP
Texto | Written by Charles Ludlam
Direção | Directed by Marília Pêra
Teatro Cultura Artística

Páginas | Pages 226 a | to 229
O BEIJO 1995
THE KISS (SWAN'S WAY)
Texto | Written by Marcel Proust
(A Caminho de Swan)
Direção | Directed by Márcio Aurélio
Teatro SESC Pompéia

Páginas | Pages 242 e | and 243
O HOMEM DO CAMINHO 2000
Texto | Written by Plínio Marcos
Direção | Directed by Sérgio Mamberti
Teatro Brasileiro de Comédia – TBC
Sala Assobradado

Páginas | Pages 196 e | and 197
MADAME BLAVATSKY 1985
Texto | Written by Plínio Marcos
Direção | Directed by Jorge Takla
Teatro Aliança Francesa

Páginas | Pages 212 a | to 215
LOUCO DE AMOR 1989
FOOL FOR LOVE
Texto | Written by Sam Sheppard
Direção | Directed by Hector Babenco
Teatro Mars

Páginas | Pages 230 a | to 235
SALOMÉ 1997
SALOME
Texto | Written by Oscar Wilde
Direção | Directed by José Possi Neto
Teatro FAAP

Páginas | Pages 244 e | and 245
REPLAY 2000
Texto | Written by Max Miller
Direção | Directed by Gabriel Villela
Teatro Assobradado TBC

Páginas | Pages 198 a | to 201
A ESTRELA DALVA 1987
Texto | Written by Renato Borghi e | and
João Elísio Fonseca
Direção | Directed by Jorge Fernando
Teatro Brigadeiro

Páginas | Pages 9, 216 a | to 221
A VIDA É SONHO 1991
LIFE IS A DREAM
Texto | Written by Calderon De La Barca
Direção | Directed by Gabriel Vilela
Teatro SESC Anchieta

Páginas | Pages 236 e | and 237
**CÂNDIDA ERÊNDIRA
E SUA AVÓ DESALMADA** 1999
INNOCENT ERENDIRA
Texto | Written by Gabriel Garcia Marques
Direção | Directed by José Rubens Siqueira
Espaço Urbanus

Páginas | Pages 246 a | to 249
**PEQUENOS CRIMES
CONJUGAIS** 2006
PARTNERS IN CRIME
Texto | Written by Eric-Emmanuel Schimitt
Direção | Directed by Márcio Aurélio
Teatro Jaraguá

Páginas | Pages 202 a | to 207
LOBO DE RAY BAN 1987
Texto | Written by Renato Borghi
Direção | Directed by José Possi Neto
Teatro Brigadeiro

Páginas | Pages 222 a | to 225
BONITA LAMPIÃO 1994
Roteiro | Written by Renata Melo
Direção | Directed by Renata Melo
Teatro Sérgio Cardoso

Páginas | Pages 238 a | to 241
HONRA 1999
HONOUR
Texto | Written by Joanna Murray-Smith
Direção | Directed by Celso Nunes
Teatro de Cultura Artística
Sala Rubens Sverner

vania toledo
CRONOLOGIA

Trabalhou na editora Abril durante 10 anos, no setor de educação. É formada em ciências sociais pela USP. Tornou-se fotógrafa, abraçando seu hobby de muitos anos, mas foi só em 1980, ao lançar o livro-ensaio *Homens*, pela editora Cultura, que foi reconhecida profissionalmente.

Passou a colaborar com todos os jornais e revistas nacionais e até algumas internacionais passando a viver única e exclusivamente do seu trabalho. Suas fotografias ilustraram inúmeras capas de discos e livros. É conhecida por seu trabalho de retratos de pessoas ligadas à área cultural, política e social, estando sempre presente no cenário cultural brasileiro das três últimas décadas..

Em 1980 fez e lançou seu primeiro livro *Ensaio-Homens*, no Pirandello – local de encontro da intelectualidade paulista de então. Foi lá que, no mesmo ano, recebeu o Prêmio Spazio Pirandelo de fotografia.

Em 1989 participou, com fotos em tamanho natural, do Festival Internacional de Artes Cênicas, na cidade de Lyon, na França.

Em 1991 lançou seu segundo livro titulado *Personagens Femininos,* que retrata atrizes de teatro interpretando cada uma seu personagem favorito. O livro e a exposição ganharam em 1991 o prêmio de excelência gráfica e o prêmio dos críticos do Estado de São Paulo como melhor livro e exposição do ano – APCA (Associação Paulista de Críticos de Arte). Expôs e lançou o livro *Personagens Femininos* na Galeria SP.

vania toledo
CRONOLOGY

A graduate in the social sciences from the University of São Paulo (USP), she worked at Editora Abril for 10 years in the education department. She became a photographer after deciding to embrace what had been a long-term hobby, but it was only after the publication of her first book-essay, *Homens* (Men), by the publisher Cultura in 1980 that she received professional recognition.
She was soon making her living exclusively from photography through collaborations with all of the major national magazines and newspapers and even some international publications. Over the course of three decades of professional activity on the Brazilian cultural scene she produced numerous album and book covers and became well-known for her portraits of figures associated with the cultural, political and social milieus.

In 1980 she compiled and published her first book-essay – *Homens* –, launched at the Pirandello, a meeting place for the intellectuals of São Paulo. It was there that same year that she received the Spazio Pirandello photography prize.

In 1989 she exhibited some life-size photos at the International Scenic Arts Festival in Lyon, France.

In 1991 she launched her second book, entitled *Personagens Femininos* (Female Characters), a selection of portraits of theatre actresses in their favorite role/character. In 1991, the book and exhibition earned her the graphic excellence award and Art Critics Association of São Paulo (APCA) award for book and exhibition of the year. The *Personagens Femininos* exhibition and book launch were held at Galeria SP.

Em 1995 lançou o livro *Salomé*, sendo esse o primeiro livro originário de uma peça de teatro feito no Brasil.

Em 1996 lançou o livro *Pantanal* e exposição na Galeria São Paulo, sendo esse seu primeiro livro em cor com, apenas a figura dos pantaneiros retratada em preto e branco, gente brasileira.

Nos anos seguintes fez várias exposições pelo país destacando-se:

Em 1995 expôs na galeria do Banco Real, em São Paulo, as fotos do livro da peça *Salomé*.

Em 1995 expôs e lançou o livro *Pantanal* na galeria SP

Em 1996 expôs e lançou o calendário *Entre Lençóis* na galeria SP.

Em 1997 expôs no MAM-Rio de Janeiro – *Personagens Femininos*.

Em 2000 participou da mostra *Estar Comteporâneo*.

Em 2001 a exposição *O Terceiro Olhar* na Pinacoteca do Estado,

Em 2001 teve fotos incluídas na exposição *Palmo Quadrado* no Museun of Latin American Art, em Long Beach – Califórnia.

In 1995 she launched *Salomé* (Salome), the first book of photography produced on a theatre piece in Brazil.

In 1996 she brought out another book, *Pantanal*, followed by an exhibition at Galeria São Paulo. This was her first book-length essay of colour photos, with black and white reserved for portraits of the folk from the Pantanal wetlands.

Among the various exhibitions she held across Brazil in the years that followed, special mention goes to:

An exhibition of photos from the piece *Salomé* at the Banco Real gallery in São Paulo in 1995.

Launch and exhibition of *Pantanal* at Galeria SP, also in 1995.

In 1996, exhibition and launch of the calendar *Entre Lençóis* (Between the Sheets) at Galeria SP.

In 1997, MAM (Rio de Janeiro) – *Personagens Femininos*.

In 2000 she participated in the exhibition *Estar Comteporâneo* (Contemporary Being).

In 2001 she featured in the exhibition *O Terceiro Olhar* (The Third Eye) at the Pinacoteca do Estado.

In 2001 some of her photos were included in the exhibition *Palmo Quadrado* (Squared Palm) at the Museum of Latin American Art in Long Beach – California.

Em 2001 participou da jornada cívica e fotográfica pela recuperação do centro de São Paulo.

Em 2001 exposição *Tres Brasiles,* no Museu Municipal de Belas Artes Genaro Perez, em Córdoba. Argentina.

Em 2002, no Memorial da América Latina, a mesma exposição *Tres Brasiles* foi montada.

Em 2005 em homenagem aos 400 anos de São Paulo, fez a exposição *Detalhes: achados & perdidos do centro da cidade,* no Espaço Nossa Caixa.

Em 2006 participou da exposição *Mulheres Vêem Mulheres,* no Senac em SP.

Em 2007 no Sesc Pinheiros expôs *Palco Paulistano,* fotos de peças de teatro do cenário cultural paulista nas últimas quatro décadas, isso porque durante dez anos como amadora, registrou o que via no teatro.

Em 2007 a exposição *Palco Paulistano* foi para o festival Internacional de Teatro, em Rio Preto.

Em 2008 o mesmo *Palco Paulistano* foi exposto no Sesc, Santo André.

Em 2008 fez a exposição *Mulheres Espetaculares* na Caixa Cultural SP.

Em 2008 foi convidada a fazer a exposição Diário de Bolsa – Instantâneos do Olhar na Pinacoteca do Estado de São Paulo.

Vive há trinta anos exclusivamente do seu trabalho fotográfico e, pela paixão absoluta pela fotografia, continua atuando no mercado editorial e publicitário além de seus projetos pessoais.

In 2001 she participated in a civic and photographic walk-about for the recuperation of downtown São Paulo.

In 2001, *Tres Brasiles* (Three Brazils) exhibition at the Museu Municipal de Belas Artes Genaro Perez in Córdoba. Argentina.

The same exhibition – *Tres Brasiles* – was remounted at the Latin American Memorial in São Paulo in 2002.

In 2005, as part of the 400th anniversary commemorations for the city of São Paulo, she held the exhibition *Detalhes: achados & perdidos do centro da cidade* (Details: Lost and Found of Downtown São Paulo) at ESPAÇO NOSSA CAIXA.

In March 2006 she participated in the exhibition *Mulheres Vêem Mulheres* (Women See Women) at SENAC in SP.

In 2007, at SESC Pinheiros, she exhibited *Palco Paulistano* (The São Paulo Stage), a selection of photos of theatre pieces staged in São Paulo over the last four decades, starting during her amateur years as an avid theatergoer.

In 2007 the *Palco Paulistano* exhibition moved to the International Theater Festival of Rio Preto.

In 2008, *Palco Paulistano* is shown at SESC Santo André.

In 2008, exhibition *Mulheres Espetaculares* (Spectacular Women) is held at Caixa Cultural SP.

In 2008 she was invited to mount the exhibition *Diário de Bolsa – Instantâneos do Olhar* (The Handbag Diary – Snapshots) at the Pinacoteca do Estado de São Paulo.

As edições de todos os livros citados estão esgotadas. Outros dois em andamento, um para ser lançado, um até o final de 2008 e o outro em 2009, comemorando seus 30 anos de carreira.

PRÊMIOS

Prêmio Spazio Pirandello de Fotografia

VI Prêmio Abril de Fotografia

XI Prêmio Abril de Fotografia

XII Prêmio Abril de Fotografia

XIII Prêmio Abril de Jornalismo – Fotografia (destaque foto-retrato)

Excelência Gráfica Burti 1993 – Categoria Livros de Arte – *Personagens Femininos*

Prêmio Company de Capas de Rock – Primeiro Lugar – *Titãs_Cabeça Dinossauro*

Prêmio "Homenagem da Secretaria da Cultura Semana da Mulher"

Diploma na Ordem do Mérito Cultural, na classe de Comendador

For the last thirty years she has made her living exclusively from her photographic work and absolute passion for photography, continuing to produce for the publishing and advertising markets, as well as her own private projects.

AWARDS

Prêmio Spazio Pirandello de Fotografia

VI Prêmio Abril de Fotografia

XI Prêmio Abril de Fotografia

XII Prêmio Abril de Fotografia

XIII Prêmio Abril de Jornalismo – Photography (photographic portraiture)

Excelência Gráfica Burti 1993 – Art Book Category – *Personagens Femininos*

Prêmio Company de Capas de Rock – First Place – *Titãs_Cabeça Dinossauro*

Prêmio "Homenagem da Secretaria da Cultura Semana da Mulher" (Culture Secretariat Tribute for Women's Week)

Diploma of the Order of Cultural Merit in the class of Commander.

© by Vania Toledo, 2009

Dados Internacionais de Catalogação na Publicação

Biblioteca da Imprensa Oficial do Estado de São Paulo

Toledo, Vania

    Palco paulistano= São Paulo Stage /Vânia Toledo; [tradução/translation Anthony Dolye – São Paulo: Imprensa Oficial do Estado de São Paulo ,2009.

    260 p.: fotogrs.

    Texto bilíngue: Português/Inglês

    ISBN 978-85-7060-687-7

    1. Fotografias – Brasil – 2. Fotografias – Teatro 3. Fotógrafos – Brasil   I. Dolye, Anthony II. Titulo. III.Título: São Paulo stage

CDD 770.981

Índice para catálogo sistemático:

1. Brasil : Fotografias 770.981

Foi feito o depósito legal na Biblioteca Nacional
(Lei nº 10.994, de 14/12/2004)

Direitos reservados e protegidos pela lei nº 9.610/98

Impresso no Brasil | Printed in Brazil 2009

IMPRENSA OFICIAL DO ESTADO DE SÃO PAULO
Rua da Mooca, 1.921 Mooca
03103 902 São Paulo SP
www.imprensaoficial.com.br
livros@imprensaoficial.com.br
SAC Grande São Paulo 011 5013 5108 | 5109
SAC Demais Localidades 0800 0123 401

Obrigada, muito obrigada, aos deuses do teatro e ao elenco de atrizes e atores, autores, diretores, cenógrafos, figurinistas e aos iluminadores que muito me ensinaram.

Rubens Ewald, Rubens Ewald Filho, Danilo Miranda, Sérgio Mamberti, Myrian Muniz *in memorian*, Tuna Duek, Alexandre Dóreo Ribeiro, Maria Tereza Vargas, Maria Eugênia De Domênico e Lulu Librandi.

Vania Toledo

Thank you very, very much to the gods of theatre and to the cast of actors and actresses, the students, directors, set designers, wardrobe and lighting technicians who taught me so much.

Rubens Ewald, Rubens Ewald Filho, Danilo Miranda, Sérgio Mamberti, Myrian Muniz *in memorian*, Tuna Duek, Alexandre Dóreo Ribeiro, Maria Tereza Vargas e Maria Eugênia De Domênico e Lulu Librandi.

Vania Toledo

---

imprensaoficial

DIRETOR INDUSTRIAL | INDUSTRIAL DIRECTOR
Teiji Tomioka

DIRETOR FINANCEIRO | FINANCIAL DIRECTOR
Clodoaldo Pelissioni

DIRETORA DE GESTÃO DE NEGÓCIOS | BUSINESS MANAGEMENT DIRECTOR
Lucia Maria Dal Medico

GERÊNCIA DE PRODUTOS EDITORIAIS E INSTITUCIONAIS | EDITORIAL AND INSTITUTIONAL PRODUCTS MANAGEMENT
Vera Lúcia Wey

COORDENAÇÃO EDITORIAL | EDITORIAL COORDINATION
Cecília Scharlach

ASSISTÊNCIA EDITORIAL | EDITORIAL ASSISTANT
Edson Lemos

ASSISTÊNCIA À EDITORAÇÃO | EDITING ASSISTANT
Aline Navarro
Marilena Camargo Villavoy
Paulo César Tenório

TRATAMENTO DE IMAGENS | IMAGE PRODUCTION
Anderson Lima
Ailton Giopatto
Carlos Leandro A. Branco
José Carlos da Silva
Leonídio Gomes
Tiago Cheregatti

CTP, IMPRESSÃO E ACABAMENTO | CTP, PRINTING AND BINDING
Imprensa Oficial do Estado de São Paulo

DESIGN GRÁFICO | GRAPHIC DESIGN
Via Impressa Edições de Arte
Carlos Magno Bomfim

DIREÇÃO DE ARTE | ART DIRECTION
Paulo Otavio

TRADUÇÃO | TRANSLATION
Anthony Doyle

REVISÃO | REVISION
Mitsue Morisawa

EDITORAÇÃO | EDITING
André Burnier
Denis Zucherato
William F. Santos

PESQUISA DE DADOS | RESEARCH
Márcia Corrêa
Maria Eugênia de Domenico
Maria Tereza Vargas

Formato	28 x 30 cm
Tipologia	Dax e Dax Compact
Papel miolo	Couché matte 150g/m²
capa	Couché matte 150g/m²
sobrecapa	Couché fosco 180g/m²
guarda	Offset 180g/m²
Número de páginas	260
Tiragem	2000